Fred Rodrian

Hirsch Heinrich

Mit Bildern von Werner Klemke

Geschenkausgabe mit
Bastelbogen

BELTZ

Der **Kinderbuch**Verlag

Ein Hirsch fährt nicht gern mit der Eisenbahn.

Er reist auch nicht gern mit dem Schiff.

Ein Hirsch ist am liebsten im Wald. Hirsch Heinrich war wochenlang mit der Eisenbahn gefahren. Er hatte eine lange Schiffsreise gemacht. Er war von einem dichten Wald in China bis zum großen Tierpark geschickt worden. Und da wohnte er jetzt.

Es ist nicht einfach für einen Hirsch, so ohne Wald. Ganz glücklich
war Hirsch Heinrich nicht. Dabei waren alle Leute gut zu ihm.
Auch der Tierparkdirektor, ein viel beschäftigter Mann. Aber selbst
der Tierparkdirektor konnte keinen richtigen chinesischen Wald
herzaubern.

Am meisten Spaß hatte Heinrich an den Kindern. Sie standen wie in dichten Trauben vor seinem Gatter, waren bunt gekleidet und freuten sich. Und nur wenn es der Tierpfleger Erich erlaubte, warfen sie ihm eine Mohrrübe zu.

Erwachsene Leute gingen gelegentlich mit wichtigen Gesichtern am
Gatter vorbei und sagten etwa: „Ein Hirsch mit zehn Zacken am Geweih.
Ein Zehnender. Donnerwetter!"
Sie sagten es wie Jäger, und Jäger konnte Heinrich nicht leiden,
obgleich er ein höflicher Hirsch war. Die Kinder aber lachten, riefen:
„Hirsch Heinrich!" und hatten ihn lieb. Nur der Paul warf mit Kienäpfeln,
aber das störte Heinrich nicht. Er hatte Kinder gern.
Darum hatte er auch bald den Tierpark gern. Denn es kamen viele Kinder
in den Tierpark. Da war Hirsch Heinrich glücklich.

2.

Als jedoch der Sommer verging, als der Herbst kam, als es gar winterte, kamen immer weniger Kinder in den Tierpark. Das Wetter war nass, war kalt – und es mussten Weihnachtsgeschenke gebastelt werden.

Hirsch Heinrich wusste das nicht. Er stand am Gatter und wartete auf Kinder.

Am 21. Dezember

kamen vierzehn Kinder, recht kleine Kinder, mit einem ganz langen
Lehrer. Die Kinder winkten Heinrich zu, und der Lehrer sagte:
„Sieht er nicht prächtig aus? Er kommt aus China, heißt Heinrich und
isst sogar Gurken."
Es war ein netter Lehrer.

Am 22. Dezember

kamen zwei Mädchen mit blonden Zöpfen. Sie waren sehr klein und
sehr freundlich und lachten hübsch.
Sonst kam niemand.

Am 23. Dezember

wartete Heinrich lange. Erst spät, am Nachmittag, kam ein Junge.
Er trug Ohrenklappen, hatte eine rot gefrorene Nase und warf Heinrich
mit Erlaubnis des Tierpflegers eine Mohrrübe zu. Dann entschuldigte er
sich, weil er im Sommer mit Kienäpfeln geworfen hatte.
Es war Paul.
Ganz liebevoll fraß Heinrich die Mohrrübe.

Aber am 24. Dezember,

am Weihnachtsabend, war es sehr traurig. Niemand hatte Zeit für
Heinrich. Alle Kinder dachten nur an Weihnachtsgeschenke.
Es kam niemand. Nicht mal ein Erwachsener.

Heinrich wartete bis zum späten Abend. Der Tierpfleger Erich war an diesem Tag besonders freundlich. Heinrich aber wartete auf die lustigen, netten Kinder, auf irgendein Kind. Aber es kam weder Paul mit der rot gefrorenen Nase noch die Mädchen mit den blonden Zöpfchen, es kam niemand. Bis zum ganz späten Abend nicht.

Da nahm Hirsch Heinrich einen Anlauf und sprang über das Gatter. Alle Tiere waren sehr erstaunt.

Heinrich aber verabschiedete sich

vom Eisbären,

vom Löwen,

vom Elefanten

und vom Kamel.

Dann trabte er in die Winternacht.

Sachte fiel der Schnee.

3.

Hinter den Fenstern der Häuser standen Tannenbäume
mit Kerzen. Die Menschen hatten sich den Wald in
die Wohnung geholt. Sie schenkten sich gegenseitig
Schokolade und Spielzeug und Filzpantoffeln.
Die Kinder ritten auf ihren neuen Schaukelpferden,
und manche Leute sangen sehr alte traurige Lieder.
Die meisten Menschen aber waren fröhlich und aßen
Gänsebraten. In dem neuen Altersheim am Rande
der Stadt tanzten die lieben alten Omas und Opas
einen Schunkelwalzer.

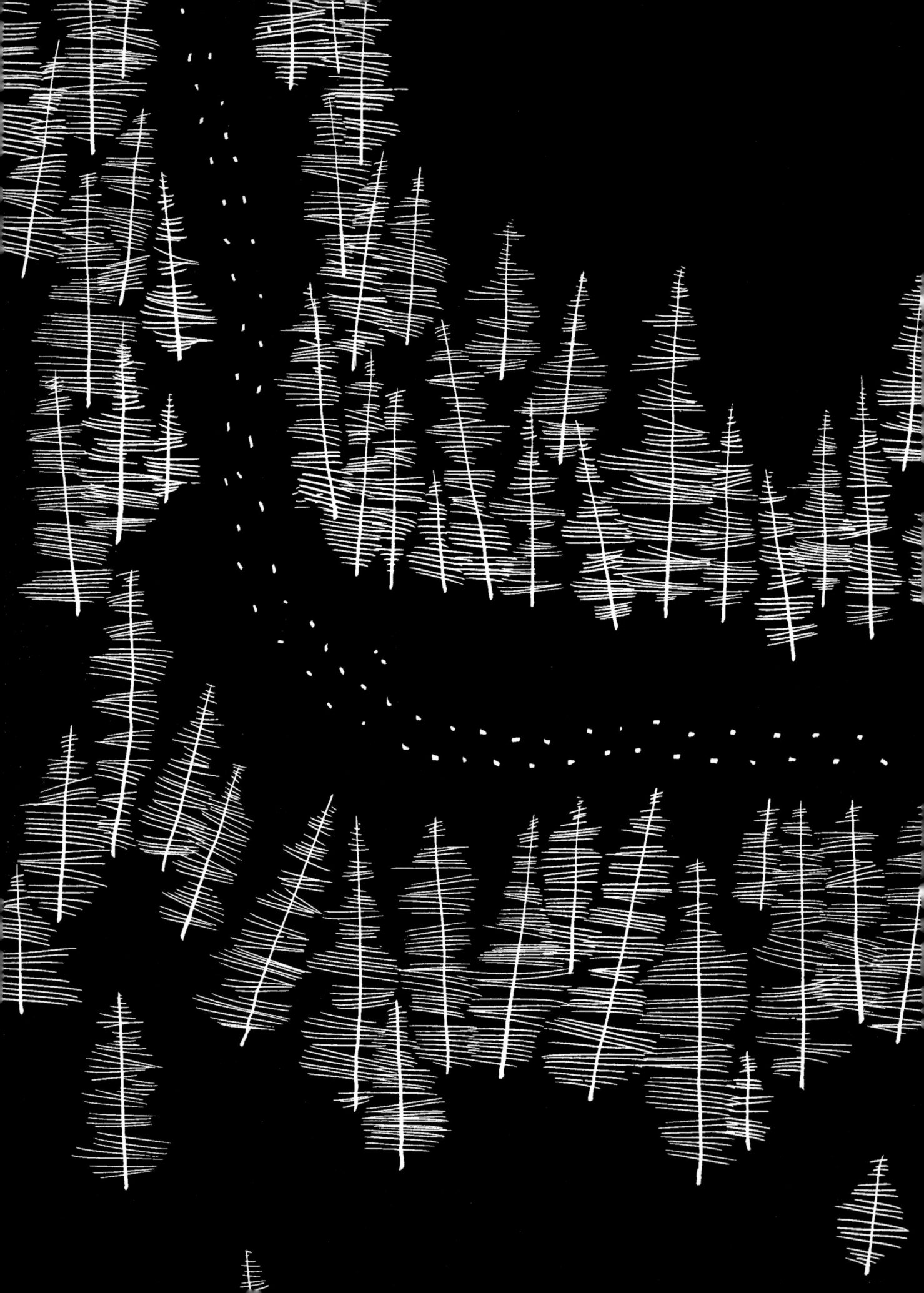

Hirsch Heinrich trabte in den Wald. Er wollte nach China zurück.
In seinen heimatlichen Wald. Und er trabte fröhlich dahin.
Heinrich schlug mit den Hinterläufen aus wie ein kleines Pferd.
Sonst war es eine stille Nacht.
Weit ist der Weg nach China. Heinrich trabte und trabte. Es war hübsch
anzusehen, wie Heinrich durch den nächtlichen Wald kam. Allerdings
wusste er nicht, wie hübsch das aussah. Er hatte ganz andere Sorgen.
Der Weg nahm nämlich kein Ende, und Heinrich hatte Hunger.
Vorbei ging es an Kiefern und Eichen und Birken.
Heinrich war ganz allein.

War denn gar kein Tier in diesem Wald? Doch: Auf einem Eichenast saß eine Eule und machte große Augen.

Tief unter ihr, zwischen den Wurzeln, hielten zwei Igel ihren Winterschlaf. Sie sahen und hörten nichts.

Einmal sauste ein später Hase in wilden Haken über den Schnee. Der Fuchs war hinter ihm her. Der Fuchs mit dem langen Schwanz und dem listigen Gesicht.

Ganz von weitem sah Heinrich ein großes und ein kleines Reh. Schnell wie der Wind flüchteten sie davon.

So verging die Nacht, und vom Osten her graute der Morgen in den Wald. Hirsch Heinrich war einsam und hungrig.
Da machte er sich auf, in die Nähe der Menschen zu kommen; denn da ist Futter.

4

So kam er an ein kleines verschlafenes Dorf, das aussah wie zugedeckt vom Schnee. Nur einen alten Kohlstrunk fand er dort. Und als er ihn fressen wollte, bimmelte es gerade vom alten Türmchen, was das Zeug hielt. Hirsch Heinrich galoppierte weg. Er mochte keinen Lärm. Auch nicht von Glocken.

Bald kam er an das nächste Dorf. Das sah recht stattlich aus und nicht
so sehr verschlafen. Dort fand er eine Rübe, die gar nicht übel war. Als er
sich mit großem Appetit daran machte, hörte er heftiges Kläffen von
großen Hunden, und dann sah er sieben Jäger

mit Flinten und einem Bratspieß aus dem Dorf marschieren.
Gleich war Hirsch Heinrich auf und davon!
Die Jäger wischten sich über die Augen. So einen Hirsch hatten sie
noch nie gesehen. „Kreuzschockschwerenot!", riefen sie, stellten sich
im Kreise auf und tranken jeder einen Korn.

Hirsch Heinrich aber kam zum dritten Dorf. Und das sah sehr, sehr
prächtig aus. Es hatte neue, bunte Häuser und einen Turm mit einem
Windmotor. Dort fand Heinrich einen so prächtigen Kohlkopf, dass ihm
das Wasser im Maul zusammenlief. Er knabberte ein zartes Stückchen
ab. Da sah er eine Kindergruppe aus dem Dorf spazieren. Ein langer
Erwachsener war dabei. Und leider auch ein Hund.
Voll Kummer ließ Heinrich seinen Kohlkopf fahren und flüchtete
zum Wald. Er wartete im Tannendickicht und guckte aus seinen
großen Augen.

Bald kamen die Kinder näher: Sie sangen das kleine Winterlied.

Sachte, sachte fällt der Schnee.
Wir Kinder, wir haben zu essen.
Im Walde hungert ein kleines Reh.
Das wollen wir nicht vergessen.

Leise, leise geht's in den Wald.
Wir kommen mit kleinen Gaben.
Den Tieren im Wald ist bitterkalt.
Da geben wir, was wir haben.

Tippel tappel, es kommt heran
und schmaust den Tierweihnachtsbraten.
Da glänzt die Fichte, da schmückt sich die Tann:
Wir helfen mit guten Taten.

Es waren genau vierzehn Kinder, und der Erwachsene war ein lustiger
Lehrer. Das waren die Kinder, die den Hirsch Heinrich im Tierpark
besucht hatten. Sie trugen mit sich ein Tannenbäumchen. Warum trugen
die Kinder ein Tannenbäumchen in den Wald?
Am Bäumchen hingen Rüben und Kohlstücke, Maiskerne und Heu-
büschel – auch ein Schälchen Salz war dabei und andere Leckereien.
Das war für die Tiere des Waldes der Weihnachtsbaum.
Die Kinder steckten ihn fest in die Erde.
Der Lehrer machte eine Verbeugung zum Walde und sagte:
„Wir wünschen allen Tieren, dass es schmeckt. Und gute Feiertage!"

Die Kinder lachten und sangen noch ein Lied. Dann zog
das Trüpplein wieder zum Dorf, der lange Lehrer hinterher.
Der Hund bellte in den Wintermorgen, und das war das
Einzige, was Hirsch Heinrich störte.

5.

Bald kamen die Tiere und hielten ihre Weihnachtsmahlzeit.
Drei Hasen kamen, die zwei Rehe sprangen herbei,
und ein Schneehuhn pickte Maiskörner.
Hirsch Heinrich trat aus seinem Tannendickicht und futterte eine Rübe.
Nur der Fuchs machte einen großen Bogen um die friedlichen Tiere.

Bald aber machten sich Hasen und Rehe und Schneehuhn auf den Weg. Hirsch Heinrich war wieder allein. Und er konnte nicht ins bunte Dorf, denn dort waren leider Hunde. Ganz allein stand er vor dem kahl gefressenen Tierweihnachtsbaum der guten Kinder. Er war satt, aber nicht zufrieden.

Hirsch Heinrich hatte ein bisschen Sehnsucht nach dem Tierpark.
Vor allem: nach den Kindern. Und er dachte an den netten Paul.
So senkte er sein Geweih dankend vor dem bunten Dorf und trabte
nach Hause. Natürlich nicht nach China, sondern zum Tierpark.
Das war auch viel näher.

TIERPARK

Nun kommt es jedoch nicht häufig vor, dass ein Hirsch an einem schönen blassblauen Wintertag über Waldwege und Landstraßen trabt. Die Leute waren sehr erschrocken. Einige riefen sogar ganz eilig beim nächsten Oberförster an. Der schüttelte den Kopf und setzte sich sofort aufs Fahrrad.

Hirsch Heinrich war indessen längst in der Stadt.

„Guck mal, Papi, ein Hirsch!", sagte ein kleiner Junge zu seinem dicken Vater. Der sagte: „Ganz recht. Ein Zehnender."

Dann ging er weiter.

Heinrich hielt sein Geweih hoch erhoben. Alles sah blank aus in der
Stadt. Die Menschen hatten gute Anzüge an, und der Schnee war ganz
frisch und weiß.
Plötzlich lachten alle Leute auf der Straße. Doch sie lachten nicht über
Hirsch Heinrich. Sie lachten über einen Weihnachtsmann. Der stand an
der Ecke und baute einen Schneemann.
Eigentlich lacht man nicht über einen Weihnachtsmann. Aber dieser
Weihnachtsmann war sehr klein. Ehrlich gesagt: Es war Paul.
Er hatte sich nur einen Bart umgebunden.
Als Paul den Heinrich sah, stieß er vor Schreck seinen Schneemann um
und rief laut: „Mensch, Hirsch Heinrich!"

Der aber hörte nicht. Heinrich hatte es eilig. Schnell verschwand er um die Ecke.

Ebenso schnell wollte der Paul hinterher. Da quietschte eine Fahrradbremse, und der Oberförster hielt Paul am Kragen.

„Hast du einen Hirsch gesehen?", fragte der Oberförster mit tiefer Stimme.

Paul setzte sich schnell auf den Gepäckständer und rief:

„Rechts um die Ecke bitte. Da muss er sein."

Inzwischen war Heinrich am Tierparkeingang angelangt. Da stand
der Tierparkdirektor, grüßte freundlich und machte einen Strich
auf seiner Liste.

Hirsch Heinrich trabte schnell zu seinem Gatter.

Ganz traurig stand dort der Tierpfleger Erich mit einer Schüssel
voll bestem Feiertagsessen.

Vor dem Gatter standen ebenso traurig viele Kinder, waren sehr hübsch
angezogen und hatten ihre Weihnachtsgeschenke bei sich.

„Wo nur Hirsch Heinrich ist?", wisperten sie. „Wo er nur bleiben mag?"

Schnell sprang Hirsch Heinrich in sein Gatter.

„Na endlich!", rief der Tierpfleger Erich. Und die Kinder lachten und freuten sich und hielten ihre Trompeten und Spielzeugeisenbahnlokomotiven hoch. Sie gaben auch beim Tierpfleger Erich fein eingewickelte Mohrrüben für Heinrich ab. Und ein kleines Mädchen begann zu singen, und dann sangen alle:

Sachte, sachte fällt der Schnee.
Wir Kinder, wir haben zu essen ...

Alle drei Strophen hintereinander.
Es war sehr hübsch.

Plötzlich quietschte die Oberförsterfahrradbremse. Und der Oberförster rief: „Ach, das ist ja Hirsch Heinrich!"
Doch Paul auf dem Gepäckständer sagte: „Das hab ich längst gewusst!" Dann sangen sie beide einfach mit. Paul mit seiner hellen Stimme, der Oberförster mit seiner tiefen Stimme.

Hirsch Heinrich aber stand in seinem Gatter und freute sich
und fraß sich richtig satt.

Dieses Buch ist erhältlich als:
ISBN 978-3-407-77229-9 Print (Geschenkausgabe mit Bastelbogen)
ISBN 978-3-407-77079-0 Print

© 2022 Beltz | Der KinderbuchVerlag
in der Verlagsgruppe Beltz · Weinheim Basel
Werderstraße 10, 69469 Weinheim
Erstmals erschienen: 1960
Alle Rechte vorbehalten
Illustration und Einband: Werner Klemke
Neue Rechtschreibung
Druck und Bindung: Beltz Grafische Betriebe, Bad Langensalza
Beltz Grafische Betriebe ist ein klimaneutrales Unternehmen
(ID 15985-2104-100).
Printed in Germany
1 2 3 4   25 24 23 22

Weitere Informationen zu unseren Autor:innen und Titeln
finden Sie unter: www.beltz.de

Hirsch Heinrich

Feierlicher Baumschmuck

hier ausschneiden

Nicht knicken!

Bastle dir deinen feierlichen Baumschmuck zum Aufhängen und Dekorieren!

Die Aufhänger *1.* Schneide alle Teile entlang der schwarzen Außenlinien aus. *2.* Pikse ein Loch durch das schwarze Pünktchen und ziehe einen Faden in deiner Lieblingsfarbe durch. *3.* Aufhängen!

Das Häuschen *1.* Schneide es entlang der schwarzen Außenlinien aus. *2.* Falte das Häuschen an allen dicken schwarzen Linien.
3. Bestreiche die grauen Felder mit Kleber. *4.* Drücke die grauen Felder fest an die gegenüberliegenden Innenflächen. *5.* Aufstellen!

© 2022 Verlagsgruppe Beltz, Werderstraße 10, 69469 Weinheim | © Illustrationen: Werner Klemke